Ladevèze

Td $^{59}/_{28}$

MÉMOIRE

SUR

LA QUESTION SUIVANTE,

PROPOSÉE

PAR LA SOCIÉTÉ ROYALE DE MÉDECINE

DE BORDEAUX,

ET COURONNÉ DANS LA SÉANCE PUBLIQUE

DU 30 AOUT 1823.

« *Quelles sont les Maladies qui règnent le plus*
» *communément dans le département de la Gi-*
» *ronde ? En établir les causes et les moyens de*
» *les prévenir* ».

PAR J.-M. LADEVEZE,

MÉDECIN, DOCTEUR DE L'ANCIENNE UNIVERSITÉ DE MONTPELLIER,
MEMBRE DE L'ANCIENNE ACADÉMIE DE MÉDECINE DE PARIS
ET DE PLUSIEURS SOCIÉTÉS SAVANTES.

A BORDEAUX,

CHEZ LAVIGNE JEUNE, IMPRIMEUR DU ROI, DE S. A. R.
MGR. LE DUC D'ANGOULÊME ET DE LA PRÉFECTURE.

EXTRAIT des registres des arrêtés du Préfet de la Gironde.

Du 20 Novembre 1823.

L<small>E</small> P<small>RÉFET DU DÉPARTEMENT DE LA GIRONDE</small>,

Vu le Mémoire ci-après ;

Vu le Programme de la Société de Médecine de Bordeaux, du 30 Août dernier, où il fait mention honorable de ce Mémoire, à l'Auteur duquel la Société a décerné un jeton d'or de la valeur de 50 francs ;

ARRÊTE :

Le Mémoire ci-après sera imprimé et envoyé aux communes.

Fait à Bordeaux, les jour, mois et an que dessus.

Le Préfet de la Gironde,
Comte <small>DE</small> BRETEUIL.

MÉMOIRE

SUR

LA QUESTION SUIVANTE :

« Quelles sont les maladies qui règnent le plus
» communément dans le département de la Gi-
» ronde ? En établir les causes et les moyens de
» les prévenir ».

---

*Ex tempestatibus verò optimœ œquales sunt,
sive frigidœ , sive calidœ : pessimœ quœ
variant maximè.* Celsi , **L. II , § 3.**

Il faut, pour résoudre cette question, des connaissances topographiques et cosmographiques,
aussi nombreuses et aussi variées que le sont les
sites et la nature du sol du département de la Gironde , dont on va s'occuper. Hippocrate , mo-
dèle des observateurs , avait reconnu l'influence
des climats sur le physique des hommes en santé
comme en maladie , ainsi que sur leur moral ; il
en fit l'objet particulier de ses méditations , car
il sentait toute l'importance de ces connaissances :
il laisse peu à désirer sur l'appréciation des causes des maladies , et il trouve qu'elles résultent,

la plupart, de l'état de l'air, des eaux et des lieux. Ses ouvrages, et en particulier son Traité *ex professo* sur cette matière (1), sont remplis d'observations et de préceptes si judicieux, que le temps n'a rien ajouté d'essentiel à ce qu'écrivait le vieillard de Cos, il y a plus de deux mille deux cents ans. Les vrais Médecins, pénétrés de la doctrine de ce grand homme, savent en faire l'application aux localités des contrées où ils exercent leur art, profitant toutefois des avantages que leur donnent sur le père de la Médecine les progrès qu'ont fait depuis les sciences physiques et chimiques; ils seront alors bien moins embarrassés dans le traitement des maladies, et moins exposés aux erreurs que doivent nécessairement commettre ceux qui négligent ces notions préliminaires, parce qu'ils connaîtront non-seulement les affections qui règnent habituellement dans ce pays, mais encore la manière dont elles se jugent, et par conséquent celle dont il faut les traiter; car chaque contrée a une constitution particulière favorable à certaines espèces de crises qui indiquent les méthodes thérapeutiques à employer.

Ainsi, en abordant la question proposée, nous nous trouvons dans la même position où était Hippocrate quand il voulut déterminer à quoi tiennent les causes et les différences des maladies qui, au premier coup-d'œil, semblent devoir être

---

(1) Traité de l'air, des eaux et des lieux.

par-tout identiques, puisqu'elles attaquent des hommes qui ont la même identité d'espèce : il trouva que les premières existent dans la température de l'air, dans les vents habituels, dans la nature des eaux, dans la position des lieux, et que leurs différences sont déterminées par la variabilité de ces mêmes causes. L'observation de leurs effets sur le physique et sur le moral le conduisit à d'importantes vérités. A son exemple, nous prendrons d'abord une connaissance aussi positive qu'il sera possible de la topographie, de la cosmographie et de la statistique de ce département ; nous trouverons, comme lui, que les différentes situations des lieux, la température de l'air, les exhalaisons du sol, la nature des eaux et et des alimens qu'il fournit, l'espèce des travaux qu'il impose, les goûts et les besoins qu'il enfante agissent tantôt de concert, tantôt séparément pour produire certaines maladies, et pour leur imprimer des caractères particuliers.

Précis sur la Topographie et Cosmographie du département.

Le département de la Gironde, situé dans la partie sud-ouest de la France, est borné à l'est par les départemens de la Dordogne et de Lot-et-Garonne ; au sud-est et à l'est, par le département de Lot-et-Garonne, par partie de celui des Landes ; à l'ouest et sud-ouest, par le départe-

ment des Landes et par l'Océan ; au nord-ouest
et nord , par l'Océan et par le département de la
Charente-Inférieure.

Ainsi entouré, le département de la Gironde
doit recevoir des pays au milieu desquels il se
trouve, une influence générale sur son climat,
mais modifiée par les accidens de localité et d'aspect particuliers à chaque canton ; c'est ce que
prouveront les détails qui vont suivre.

A l'est et sud-est se trouvent les départemens
de la Dordogne et du Lot-et-Garonne , pays de
côteaux assez boisés, laissant aux vents d'est et
sud-est, toute la sécheresse et la température des
régions qu'ils ont parcourues : ainsi, les arrondissemens de la Réole, de Libourne , et pour
celui-ci, la partie de l'est principalement, participent davantage de la nature du climat des départemens limitrophes ; ils sont montueux , boisés et moins humides que la plupart des autres
parties du département de la Gironde : les mœurs
et les usages y sont à peu près les mêmes que dans
le reste du département, en faisant exception de
la partie des landes.

Au sud et sud-ouest, le département des Landes et les landes bordelaises caractérisent particulièrement le climat de cette partie du département de la Gironde ; ainsi l'arrondissement de
Bazas, partie de celui de Bordeaux, en sont singulièrement influencés ; l'air y est plus humide re-
lativement aux contrées adjacentes qui sont à un
autre aspect.

A l'ouest, les landes, et en seconde ligne l'Océan, laissant évaporer beaucoup d'humidité, en imprègnent les vents d'ouest qui passent sur leur surface, lesquels, se combinant avec ceux du sud et du nord, donnent dans cette partie du département une manière d'être toute particulière à l'atmosphère qui est éminemment humide.

Le nord-ouest et le nord du département, sans avoir autant d'humidité que l'ouest, n'en sont pas exempts; mais la température du vent nord qui, avant d'arriver, n'a pu être réchauffée par les régions qu'il a parcourues, telles que le nord de l'Europe, la Hollande, le nord de la France, refroidit cette partie du département; aussi l'arrondissement de Blaye, dans la partie supérieure et élevée, s'en ressent particulièrement. Dans cet arrondissement, il y a le long de la rivière une langue de terre assez considérable, bornée par la grande route de Rochefort; on la nomme le Marais, quoiqu'elle soit assez desséchée pour être en culture et produire des céréales. Immédiatement après, et au-delà de la grande route, le pays s'élève en collines assez hautes, boisées, cultivées en vignes : cette partie de l'arrondissement participe de la nature du terrain de la Charente-Inférieure qui lui est limitrophe, et par conséquent de son climat; le vent d'ouest y perd de son intensité, s'y combine, ou alterne avec les vents nord et d'est; l'humidité en devient moins grande; les productions diffèrent de celles de la partie basse , ainsi que les tempéramens ; les causes et les caractères des maladies y exigent des modifications dans le régime diététique et dans les moyens thérapeutiques.

Le centre du département de la Gironde, qu'on appelle vulgairement l'*Entre-deux-Mers* (il serait mieux de dire entre deux eaux ou rivières, la Garonne et la Dordogne), est un pays à peu près semblable aux deux arrondissemens de Libourne et de la Réole; on y rencontre quelques pacages d'une grande utilité pour les villages voisins.

Si on suppose une ligne droite, tirée du nord au sud du département, il sera divisé en deux parties très-distinctes par la température de l'atmosphère et par la nature du sol. La partie ouest et sud-ouest qui est principalement formée par les landes que borne l'Océan , est sabloneuse, généralement aquatique, parsemée de mares, couverte de bruyères, de quelques bois de pins, sapins et de semis de ces arbres qu'on multiplie journellement, et qui à la longue pourront assainir cette contrée. La partie qui borne la Garonne est en culture, et couverte de riches vignobles, ce qui la distingue des landes proprement dites, et la rend plus saine : dans les landes, on cultive du seigle, du maïs, des pommes de terre, ce qui fait la base de la nourriture des habitans; les pacages y sont étendus ; des troupeaux de brebis et de vaches fournissent en abondance du lait, du beurre et du fromage, dont partie est vendue à

Bordeaux et dans les villes voisines ; le reste sert
à l'usage du pays. Les voyageurs qui passent pour
la première fois dans ces landes, sont étonnés à
la vue des pasteurs montés sur de hautes échasses
que le terrain sabloneux et marécageux rend à
peu près indispensables pour marcher dans ces
vastes plaines de sable mouvant, habituellement
fort aquatiques, et souvent couvertes d'eau en
grande partie. A l'est de la ligne supposée tirée
du nord au sud du département, le sol s'élève et
devient plus riche ; il est arrosé par la Garonne et
la Dordogne. Ici, le pays change, ainsi que les
mœurs des habitans ; il est très-varié, montueux,
bien cultivé : les productions en grains, vins,
bestiaux, y sont abondantes et de bonne qualité ;
elles rendent le département de la Gironde un
des plus riches de la France : la population y est
nombreuse et saine ; la multiplicité d'aspects que
forment les côteaux, fait que la température y
est fort variable, la nature des eaux très-diverse,
ce qui porte une grande différence dans les maladies qui y règnent, et dans leur traitement. La
nourriture y est bonne, l'usage du vin général.

A cet aperçu de la situation du département de
la Gironde, on désirerait peut-être qu'il fût ajouté
des détails particuliers sur chaque arrondissement,
où les sites variés, les expositions aux divers points
cardinaux, les rumbs de vent les plus habituels,
la nature des eaux, et l'état du sol, établissent
des variétés fort multipliées ; mais il faudrait au-

tant de descriptions particulières ; un séjour assez
prolongé dans chaque canton pourrait seul per-
mettre de les faire. Cet écrit ne doit présenter
que des connaissances générales ; c'est donc aux
Médecins et aux Physiciens qui habitent les divers lieux, à saisir toutes ces particularités, à les
bien apprécier, pour déterminer, d'une manière
positive, les moyens curatifs les plus convenables
à la nature des maladies et aux nuances qu'elles
reçoivent des circonstances locales.

Le département de la Gironde offre une première et importante observation, c'est l'extrême
fréquence du vent d'ouest ; cette contrée, entiè-
rement découverte du côté de l'Océan, n'étant
garantie ni par des montagnes, ni par des forêts
à haute futaye d'une certaine étendue, en reçoit
les nuées pluvieuses, les grains fréquens qui en
viennent, et qui produisent la température humide de l'atmosphère : par-tout où ces vents règnent, ils ont les mêmes résultats ; tous les observateurs, à dater d'Hippocrate jusqu'à nous,
ont reconnu qu'ils influent de la même manière
sur les climats et sur les habitans ; et c'est ce que
le département de la Gironde éprouve, car il est
soumis aux mêmes maladies que les régions do-
minées par ces vents humides ; quand ils se com-
binent avec les vents du sud-ouest ou nord-ouest,
ou qu'ils succèdent rapidement les uns aux autres,
ils peuvent singulièrement varier la température,
établir celle de l'hiver au milieu de l'été, et réci-

proquement, selon qu'ils soufflent des régions froi-
des, ou qu'ils viennent des grands continens sabloneux et brûlans : c'est ce qui arrive assez fréquemment dans ce département, malgré la pré-
dominance habituelle du vent d'ouest qui reprend
bientôt le dessus ; mais à mesure qu'on avance
dans les terres , les côteaux, les touffes éparses
de bois , la rencontre des autres rumbs de vent
modifient, selon leur force , leur direction et leur
chaleur, celui de l'ouest qui est dominant sur les
bords de l'Océan.

Les eaux de source dans ce département sont
plus ou moins chargées de gypse qu'elles tiennent
en dissolution ou en suspension ; elles éprouvent
des variétés aussi grandes que sont divers les sites,
les aspects d'où elles sourdent ; les rivières, les
grandes sur-tout, fourniraient de bonnes eaux
potables ; mais dans les parties où elles ressentent
le flux et le reflux , elles sont toujours troubles ,
limoneuses et très-difficiles à clarifier : la classe
du peuple ne peut par conséquent pas en user; elle
est réduite aux eaux des sources. Dans la partie
élevée , ou à l'est du département, les sources
sont plus nombreuses et plus saines. Ce n'est que
dans la description topographique de chaque canton que peuvent se trouver les détails particuliers de l'analyse de leurs eaux : nous ne devons,
ainsi qu'il a été dit , esquisser le tableau du département qu'à grands traits, pour tâcher de dé-
couvrir les causes générales des maladies qui y

règnent le plus communément. On trouve souvent que les différens quartiers d'une même ville,
les aspects divers de la même montagne, certaines parties d'une plaine éprouvent des modifications nombreuses par leurs positions, leurs
abris, leurs aspects (1), à plus forte raison, chaque arrondissement du département, à cause de
son étendue, doit présenter des différences dans
son climat, dépendantes des sites divers; c'est
aux Médecins à statuer par leurs observations sur
les causes diverses des maladies qui y règnent le
plus fréquemment, et sur leur traitement, sans
perdre de vue le caractère fondamental de la
constitution départementale, qui dépend de sa
position géographique, topographique, etc., que
nous avons tracée.

Bordeaux, ville intéressante par sa population
active et industrieuse, étant sous l'influence des
causes permanentes que nous venons de signaler,
ne saurait être à l'abri de leurs effets; on en mo-
dérera cependant les suites maladives par les soins
d'une police vigilante et éclairée; sa position contribue d'ailleurs beaucoup à diminuer la grande
humidité de son sol et de son atmosphère; elle

---

(1) Hippocrate et grand nombre de Médecins qui se
sont occupés de l'influence des saisons, ont fait et ré-
pété souvent ces mêmes observations : la variété de l'influence des saisons et des localités n'est plus mise en pro-
blême. Nous nous dispensons d'en réunir ici des citations.

s'élève par une pente assez rapide , depuis les
bords de la rivière jusqu'à l'extrémité opposée ,
ce qui favorise beaucoup l'écoulement des eaux
et la rend plus saine. Cette ville, autrefois entourée de marécages, de mares, en a été débarrassée
anciennement par les constructions considérables
faites aux Chartrons , qu'on pourrait aujourd'hui
regarder comme une ville distincte par son étendue, sa population , et par la richesse de ses habitans : les eaux de la rivière, mieux contenues dans
leur lit , ont permis de dessécher , d'assainir et
de transformer en prairies une grande étendue de
terrain sur le derrière de cette partie de la ville
autrefois inondé ; les eaux , par leur séjour, y de-
venaient, en été, infectes et dangereuses. Les autres desséchemens faits postérieurement autour
de la ville, dans les lieux bas , ont tari la source
des maladies épidémiques et contagieuses qui se
montraient autrefois fréquemment. Dans le moment présent , les travaux faits sur le terrain du
Château-Trompette, en desséchant et comblant les
fossés qui avaient été abandonnés, et qui étaient
presque pleins d'eaux croupissantes , ont trans-
formé en promenades agréables et salubres un
vaste espace dont les approches étaient aussi désa-
gréables que dangereuses. Depuis ces changemens
heureux, on n'a pas éprouvé d'épidémie de ces
fièvres meurtrières dont les précautions les plus
grandes ne garantissaient pas toujours ; éludant ,
par leur marche rapide et délétère , l'effet des

moyens les plus énergiques , regardés même comme spécifiques, elles faisaient de nombreuses victimes. La qualité des eaux de source de Bordeaux est à peu près la même que celle des eaux du reste du département , c'est-à-dire, qu'elle est imprégnée de sélénite. Celle du plus grand nombre de puits n'est pas potable (1).

Nous croyons pouvoir conclure de ce qui précède, qu'en général l'air du département de la Gironde est humide, sa température inégale dans le printemps sur-tout, assez chaude en été, tempérée en automne; en hiver, rarement d'une froideur extrême, du moins pendant long-temps; que les vents d'ouest, nord-ouest et sud-ouest y sont les plus constans (2); que c'est à eux principalement qu'est due l'humidité de l'air; elle est entretenue, augmentée même par le voisinage de

(1) Nous avons cru inutile dans la description topographique de Bordeaux et de ses environs, de remonter au temps où César réduisit cette ville sous la puissance des Romains ; elle était alors d'une étendue peu considérable, entourée de marais qui la rendaient mal saine ; mais les progrès de la civilisation et du commerce maritime, en changeant beaucoup cet état des choses, ont rendu Bordeaux une des premières et des plus belles villes de France.

(2) Hippocrate trouve qu'il doit résulter des différences notables dans les dispositions physiques des habitans d'un pays d'après les différentes expositions où il est si-

l'Océan , par deux grandes rivières qui parcourent son territoire dans sa plus grande étendue , et l'inondent très - souvent par les marées qui couvrent et découvrent alternativement leurs bords quatre fois dans vingt-quatre heures, et entretiennent une évaporation continuelle ; enfin , par les landes , partie considérable du département, qui sont très-humides, comme nous l'avons déjà dit.

Causes des maladies qui règnent le plus communément dans ce département.

Le premier caractère qui se développe dans le corps vivant par l'effet d'une température habituellement humide , est le relâchement des solides et la lenteur dans la circulation des fluides , d'où résulte nécessairement une modification particulière dans les forces vitales , ou une sorte de tempérament endémique : quand, par le vent du sud la chaleur se combine à l'humidité de l'atmosphère , la stupeur, l'abattement physique et moral sont les signes d'une dégénération pernicieuse

tué ; il examine les effets des vents qui soufflent des divers points cardinaux ; et quand il parle de ceux de l'ouest qui peuvent se combiner avec ceux du nord et du sud , il dit que ces pays sont dans une situation très-mal saine est défavorable.

qu'éprouvent les maladies, en été sur-tout ; si le
froid, au contraire, vient à se compliquer avec
l'humidité, les catharres, les fièvres muqueuses,
les fluxions de poitrine participent plus ou moins
du mode angioténique ; elles prennent de l'empire et altèrent la santé d'une autre manière :
heureusement le peu de stabilité des vents et la
variabilité de la température dans le département
de la Gironde, ne permettent que rarement aux
constitutions médicales de garder long-temps le
même caractère, et de prendre un degré d'énergie permanent et pernicieux ; il résulte de là une
grande variété dans le génie des maladies qui en
exige dans leur traitement. Quoiqu'il soit certain
que l'homme, en apparence le plus faible des ani-
maux, s'accoutume par degrés à toutes les tem-
pératures et à tous les climats, sa constitution
physique en reçoit cependant de telles impressions, que les maladies qui lui surviennent en ces
circonstances s'en ressentent, et qu'on doit y
avoir beaucoup d'égard dans le traitement.

Les mœurs, les usages, les occupations des
habitans, soit de la capitale du département, soit
de ses arrondissemens, contribuent aussi à caractériser les maladies le plus habituellement régnantes ; on doit y puiser les moyens prophylactiques, et les vues thérapeutiques les plus convenables.

Bacon prétend qu'un moyen de prolonger la
vie, c'est de faire tous les jours de nouveaux

projets ; qu'à la vérité , la sagesse invite l'homme aux habitudes constantes et paisibles ; ainsi on ne sera pas surpris que , par suite de l'oubli de ce dernier conseil , il résulte beaucoup d'inconvéniens pernicieux des spéculations maritimes , et par conséquent hasardeuses , qui font le principal commerce de Bordeaux et d'une partie du département. Le plus grand nombre des habitans , depuis l'armateur jusqu'au manœuvre , en passant par toutes les classes , telles que fournisseurs , artistes , ouvriers, y ont des intérêts plus ou moins grands ; leurs esprits sont continuellement tenus en haleine , et dans des sollicitudes sur la réussite des spéculations ; cet état doit être assimilé aux passions tristes ou aux chagrins qui, portant leurs impressions sur le système nerveux , affaiblissent le moral ; les forces physiques perdent d'autant de leur énergie ; dans cette situation , l'adynamie et l'attaxie doivent le plus souvent caractériser les maladies.

Les agricoles ne sont pas exempts de sollicitudes analogues ; ils sont dans la crainte presque continuelle de voir leurs travaux et les grandes dépenses qu'exige la culture, de certains vignobles sur-tout , n'être pas compensés par des produits suffisans , l'intempérie des saisons , les orages fréquens trompent beaucoup trop souvent leurs espérances , et les font participer aux mêmes causes de maladies que nous venons de désigner.

La classe nombreuse d'ouvriers , dont le moral

insoucieux s'affecte moins sur l'incertitude de l'avenir, trouve dans la nature de son travail et de ses habitudes des causes physiques de maladies : les marins, les bateliers, les ouvriers de port, les journaliers étant presque continuellement dans l'eau ou dans des lieux humides, dans des ateliers bas et mal aérés, acquièrent un tempérament phlegmatique et faible ; la nourriture, souvent peu restaurante, contribue à les rendre extrêmement susceptibles de l'impression des causes maladives que nous avons dit exister dans le climat du département de la Gironde. Le régime a une telle influence sur le physique et sur le moral, qu'il balance, détruit même, quand il est bon, les effets des causes pernicieuses, telles que l'air mauvais qu'on respire, le sol mal sain qu'on habite. Il serait de la plus grande importance d'améliorer celui de la basse classe du peuple ; mais ce ne peut être que par des secours puissans d'un gouvernement philantrope, ou par la prospérité du commerce et de l'agriculture, qu'on peut parvenir à rendre plus heureux le sort de cette classe si utile de la population.

Tableau des maladies le plus communemént régnantes dans le département de la Gironde.

La description que nous venons de faire du climat de ce département, et de tout ce qui y a quelque rapport, a déjà fait connaître, ou du

moins entrevoir la nature et l'espèce des maladies qui y règnent le plus communément, et les
causes principales qui les produisent. L'ordre na-
turel nous porte à les diviser en aiguës et en chroniques. Dans la première classe, sont les fièvres,
les inflammations, le rhumatisme aigu, les catharres, les apoplexies et les paralysies subséquentes, qui deviennent si souvent chroniques,
les accès de goutte. Dans la seconde, sont les
affections rhumatiques et goutteuses, héréditaires ou devenues constitutionnelles ; les scrophules, le rachitis, les leucophlegmaties, les catharres prolongés, les ulcères rebelles aux jambes,
endémiques dans certains arrondissemens.

Fièvres.

Les fièvres variant généralement de caractère,
selon les différens pays et les climats divers, sont
fort influencées par la température humide qui
est très-habituelle dans le département de la Gironde ; elle seule suffirait d'ailleurs pour les y
rendre très-fréquentes. Les intermittentes et les
rémittentes, de toutes les sortes, y sont dominantes ; elles sont endémiques dans les pays où
ces causes se trouvent permanentes, c'est-à-dire,
les lieux bas et humides ; elles y deviennent épidémiques, lorsque l'état de l'atmosphère les favorise particulièrement ; elles affectent le plus
souvent la période tierce au printemps ; la quarte

en automne, et elles se prolongent quelquefois,
sous le même mode, dans les saisons qui suivent
immédiatement, participant toujours du génie
des constitutions qui sont les plus ordinaires. Il
serait superflu de dire que le traitement doit être
modifié selon les temps et les complications qui
surviennent. Ces règles, généralement connues,
doivent être appliquées au département de la
Gironde, avec les modifications que chaque Médecin saura y porter selon l'arrondissement qu'il
habite, et l'aspect où il est placé.

Fièvres sporadiques.

Outre les fièvres qui dépendent de l'état général et habituel de l'atmosphère, il en est de
sporadiques qu'on observe principalement sur les
bords humides des grandes rivières qui arrosent
ce département, sur-tout pendant les chaleurs
de l'été, lorsque les eaux des fossés et des mares
à demi desséchés s'exhalent en vapeurs pernicieuses. Quand cette cause acquiert une grande
intensité, ces fièvres deviennent épidémiques,
même contagieuses; ceci est commun aux landes bordelaises les plus aquatiques. Les fièvres
dont le caratère est ordinairement rémittent ou
intermittent insidieux, sont aujourd'hui trop généralement connues des Médecins, pour que nous
devions insister sur leur traitement; il suffit d'être
en garde contre leur marche cachée, et, comme

on l'a très-bien caractérisée, insidieuse. Les arrondissemens élevés, étant moins humides, ne sont
pas aussi sujets à ces sortes de fièvres ; on doit,
malgré cela, les compter parmi les maladies qui
règnent le plus communément dans le département, puisque leurs causes se trouvent répandues sur une partie très-étendue de son territoire.
Les moyens préservatifs les plus convenables
dans cette circonstance, sont de se garantir de
l'humidité du soir et du matin ; de ne pas s'exposer long-temps aux ardeurs du soleil pendant la
canicule, de ne pas faire des courses forcées, ni
s'excéder par des travaux pénibles, pendant la
chaleur du jour ; d'user de toniques, d'un régime
fortifiant, et, mieux que tout cela, changer d'habitation quand c'est possible.

Fièvres catharrales.

Les fièvres catharrales sont très-fréquentes dans
ce département ; elles se compliquent avec la
diathèse bilieuse au printemps et au commencement de l'été ; avec l'adynamie ou l'attaxie, dans
les chaleurs extrêmes ; avec la gastricité, dans
l'automne et l'hiver ; pendant les fortes gelées et
le règne du vent nord, elles prennent assez souvent une teinte du mode inflammatoire ; elles sont
quelquefois épidémiques, rarement contagieuses ;
leur siége principal est dans les premières voies ;
les variations subites et fréquentes de l'atmos-

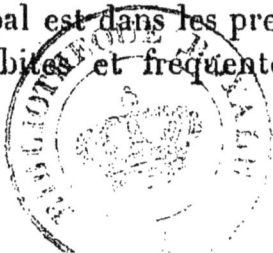

phère, son humidité habituelle, en sont les causes prédisposantes.

Quand ces causes se bornent à affecter les organes épigastriques, il en résulte des fièvres sans
complications qui cèdent aux premières évacuations; mais si les levains morbifiques ont passé
dans les secondes voies, les fièvres deviennent de
long cours; leur solution est difficile; elles peuvent acquérir des caractères de malignité que dé-
montrent la prostration subite des forces, la fréquence et la faiblesse du pouls, quelquefois son
extrême lenteur, le délire sourd, la stupeur, etc.

L'état des premières voies fournit, dès le début, les indications principales à remplir; il faut
délayer, adoucir l'âcreté des matières qui y sont
contenues; empêcher que leur dépravation ne se
communique à toutes les humeurs, en les éva-
cuant par les émétiques sur-tout, ou par les purgatifs, selon les circonstances, après avoir tem-
péré l'excès du mouvement du sang par la diète,
par des boissons délayantes et tempérantes, rarement par la saignée, car elle n'est pas curative;
elle n'attaque pas essentiellement la cause, aussi
Baillou (1) la condamne, ainsi que Tissot (2); cependant il est des circonstances où la dureté du
pouls, la violence des maux de tête, le délire

(1) *Consult. Hiem.*, anni 1775.

(2) *De febrib. Bilios.*, Laus., p. 128.

violent exigent ce secours, quoique souvent pal-
liatif : on doit être d'autant plus réservé sur son
usage dans ce département, que, d'après nos observations, le caractère dominant dans l'atmosphère est l'humide ; que cet état est opposé aux
inflammations exquises, et qu'on doit être, par
conséquent, très - circonspect dans l'emploi des
évacuations sanguines. Quoique l'on observe dans
les fièvres bilieuses des hémorragies spontanées,
nasales ou autres qui calment les symptômes les
plus graves, elles soulagent pour le moment, et
peuvent favoriser les crises. Les circonstances
doivent diriger la conduite du médecin ; on ne
saurait tracer des règles exclusives.

Quand le caractère putride et adynamique se
complique avec le catharre, ou qu'il devient dominant, on doit user d'une méthode différente
et plus active, et ne pas compter sur la coction
des matières accumulées dans les premières voies ;
les nausées, l'amertume de la bouche, les douleurs de tête rendent les émétiques indispensables
dès le début ; on leur fait succéder les purgatifs ;
ces moyens avancent la guérison dans le plus grand
nombre de cas ; mais si les accidens se prolongent après ces premières évacuations, ou s'ils ne
sont pas sensiblement diminués, on doit croire
que la masse [des humeurs est atteinte de ce le-
vain putride ; il faut observer quels sont les organes sympathiquement, ou synergiquement affec-
tés, afin de remédier aux divers accidens par les

ressources convenables ; mais on ne perdra pas
de vue l'ydiosyncrasie des sujets qui vivent habituellement dans un air humide sous l'empire des
vents d'ouest... afin d'éviter tout ce qui peut favoriser et augmenter leur atonie constitution-
nelle, et s'opposer aux crises salutaires qui pourraient avoir lieu, si les forces n'étaient pas trop
abattues.

Apoplexie et Paralysie.

L'apoplexie est une des maladies qui règnent le
plus communément dans ce département, ainsi
que la paralysie ; celle-ci est souvent la suite de
la première ; elles ont lieu principalement dans
les changemens des saisons, et sur-tout en hiver.
L'humidité de l'atmosphère, le dérangement des
organes digestifs, causes prédisposantes et occa-
sionnelles qui agissent avec d'autant plus de force,
qu'elles sont précédées par de longues et ancien-
nes impressions d'une atmosphère et d'un climat
très-variable par la nature des vents, et par la
position topographique du département. Les apoplexies y sont rarement sanguines ; ainsi la saignée n'y est pas nécessaire dans le plus grand
nombre de cas, sur-tout faite avec abondance ;
elle serait très-préjudiciable employée sans beaucoup de discernement et de prudence ; les émétiques, les incisifs, les stimulans, tels que les po-
tions cordiales éthérées, les synapismes, tous les
moyens existans, révulsifs et dérivatifs, sont

très-convenables dans les premiers momens ; et
il est très-probable que si les paralysies sont la
suite si ordinaire de l'apoplexie, dans ce département sur-tout, on les doit au traitement débilitant qu'on y emploie le plus souvent, par l'oubli, peut-être, du caractère dominant de la constitution de l'air, et c'est d'autant plus fâcheux,
que les paralysies subséquentes de l'apoplexie gué-
rissent difficilement. L'usage des eaux thermales
en douches, sur les parties paralysées ; les fric-
tions sèches, ou avec des stimulans; les révulsifs
et les dérivatifs de l'affection qui a primitivement
attaqué le cerveau ou le système nerveux, tout
ce qui peut rehausser les forces de la constitution,
et en particulier les parties paralysées, convient
dans ces cas. Les paralysies primitives, les affections comateuses, également fréquentes et dépen-
dant des mêmes causes, sont soumises à des traitemens analogues et aux mêmes moyens prophylactiques.

Ophtalmies, corysa, maux de gorge, toux, rhumes, mal aux dents.

Les ophtalmies, les corysa, les enrouemens,
les affections de la gorge, les toux avec ou sans
crachats rouillés et sanguinolens, affections très-
ordinaires dans les temps froids, humides et va-
riables, doivent être, et sont très - fréquentes
dans le département de la Gironde, d'après l'ob-

servation générale et constante des pratiques,
et on devrait s'étonner qu'il en fût autrement,
vu sa constitution bien prononcée ; leur traitement doit être soumis, comme celui des autres
maladies qui y sont endémiques, aux mêmes modifications que la saison, les vents et la température de l'atmosphère réclament : un traitement
peu en rapport avec les causes productrices de
ces maladies, et les temps où elles ont lieu, les
font aisément dégénérer en phtysies laryngées ou
pulmonaires, en asthme souvent incurables.

Les glandes maxillaires et les salivaires sont
aussi souvent affectées par ces fluxions qui se portent sur la tête ; il s'y produit des engorgemens,
des petits dépôts qui s'ouvrent quelquefois spon-
tanément, ou qu'on est forcé d'ouvrir quand les
douleurs sont intolérables. Une des suites fâ-
cheuses de cette direction fréquente des catharres sur ces parties, c'est l'altération et la carie
des dents ; aux vives douleurs qui en sont presque inséparables, se joignent la mastication difficile et incomplète, la fétidité de l'haleine et la
perte de l'agrément de la bouche, qui consiste
dans la beauté des dents. Ces accidens sont fréquens à Bordeaux et dans les lieux bas du département.

Affections catharrales pulmonaires.

La constitution catharrale étant la dominante
dans ce département, à cause de l'humidité d'une

grande partie de son sol, de son atmosphère et
des vents qui y sont les plus fréquens, porte son
empreinte sur les affections de poitrine ; elles sont
par conséquent rarement inflammatoires (1) ;
l'engorgement catharral pulmonaire se complique
fréquemment avec la fièvre bilieuse, gastrique,
vermineuse, et ces dernières affections subsistent
après que les symptômes pleurétiques, périp-
neumoniques ou hémophtysiques ont cessé. Une
saignée peut être utile dans le commencement,
ainsi que les sangsues sur la partie douloureuse ;
mais ses évacuations propres à calmer les douleurs et les accidens inflammatoires, ne sont que
préparatoires pour passer aux évacuations des premières voiés qui enlèvent très-promptement la
cause de la maladie, par l'expulsion de beaucoup
de bile, ou d'une grande quantité de glaires ; la
nature détermine quelquefois une expectoration
critique qu'il faut favoriser par les expectorans
incisifs ; mais il faut être, dans ces momens, fort
circonspect sur l'usage de toute autre espèce

(1) Dans les pays humides et froids, l'inflammation
lente des poumons ne s'observe que rarement, et la véri-
table inflammation aiguë est loin d'être aussi commune
que les théoriciens paraissent l'avoir cru. La phtysie tient
pour l'ordinaire à d'autres causes, telles que les tubercu-
les, les dégénérations muqueuses des poumons, l'influence du climat. (*Zimmerman*, traité de l'exp., t. 2,
pag. 302 et 303).

d'évacuans. Dans des circonstances où les poumons et le plèvres ont été fort engorgés, on doit appliquer des vésicatoires sur le point douloureux pleurétique, s'il en existe; il n'est pas de moyen plus utile et d'un effet plus prompt dans ces circonstances.

Si aux vents d'ouest ont succédé les vents nord ou nord-est, et qu'ils règnent depuis quelque temps, le mode inflammatoire prend le dessus, et sans doute, alors, les traitemens devront être plus antiphlogistiques : on usera des modifications relatives, si le vent sud venant à souffler, on éprouve une température chaude, ou si on est dans les chaleurs de l'été ; en ce cas les toniques incisifs conviennent éminemment; on ménagera les évacuations, pour ne pas affaiblir et ne pas s'exposer à voir les affections prendre le caractère adynamique.

Il est de notoriété qu'un grand nombre de phtysies pulmonaires sont rendues funestes par un traitement débilitant. Cabanis, entr'autres auteurs distingués, s'est formellement prononcé sur ce point de pratique. Hippocrate a connu aussi ces sortes de phtysies, dans son *Traité des eaux et des lieux*, § 54 ; il les considérait comme des phtysies pituiteuses qui viennent à la suite des rhumes, ou des toux négligées; elles attaquent de préférence les femmes et les hommes d'un tempérament analogue, c'est-à-dire, lâche, phlegmatique. L'automne, par ses variations subites

dans l'air, l'hiver, par sa température froide, em-
pêchent la transpiration de s'exhaler ou la re-
foulent vers l'intérieur ; alors il se forme des con-
gestions sur les poumons, et les phtysies prennent
naissance ; mais elles ne sont pas inflammatoires :
les observations qu'il fit à Périnthe, à ce sujet,
sont un tableau, presque d'après nature, de la
constitution automnale et hivernale du département de la Gironde.

La phtysie pulmonaire y est très-fréquente, et
ses victimes sont nombreuses plus à Bordeaux que
dans le reste du département ; la raison s'en
trouve dans sa grande population, dans les vices
de toute sorte inséparables d'une grande ville de
commerce maritime, dans le régime adopté par
la classe aisée, très-propre à affaiblir les tempéramens, et à rendre les affections de poitrine incurables, étant sur-tout sous l'influence de cette
constitution habituellement régnante ; cette affection si pernicieuse tient le plus souvent à des tu-
bercules dans les poumons, à des dégénérations
muqueuses de cet organe, à des affections sto-
macales, à des engorgemens du foie, du mésen-
tère, etc. Ces causes étant bien établies et reconnues comme les plus ordinaires dans ce département, doit-on être surpris du peu de succès qu'on
retire d'un traitement qui consiste dans l'usage
des adoucissans mucilagineux de toute sorte, dans
les laitages donnés à satiété, dans l'application
réitérée des sangsues et des vésicatoires ou cau-

tères établis indifféremment à toutes les périodes ,
souvent sans égard à une maigreur approchant du
marasme ; même dans la colliquation. Quel est
le phtysique qui n'emporte pas dans la tombe ces
fatales stygmates qui n'ont servi qu'à ajouter à
ses souffrances consomptives , un assujétissement
pénible , dégoûtant , souvent très - douloureux ?
Loin de moi l'idée de proscrire absolument ces
moyens révulsifs et dérivatifs qui , dans le prin-
cipe de la maladie , peuvent en arrêter le cours ,
en favoriser la guérison , prévenir même son dé-
veloppement quand il existe des dispositions
congéniales ou acquises ; mais s'ils ont quelques
bons effets à ces époques , ils sont bien nuisibles
dans les périodes avancées : on retarderait même
souvent la catastrophe si , heurtant avec force et
courage un préjugé si pernicieux , on faisait tarir
ces sources d'épuisement et de destruction. Je
n'ignore pas que ces principes contrarient bien
d'opinions, et principalement certains usages rou-
tiniers , dont on ne sait pas se défendre ; mais in-
dépendamment de ce que notre manière de voir
est fondée , sur-tout pour le département de la
Gironde , sur sa constitution habituellement régnante , dont la nature et les effets ont été dé-
montrés , et sur l'expérience journalière , n'y a-t-
il pas une aveugle obstination à persister dans
une méthode dont on n'obtient que des résultats
funestes ; elle est peut-être cause que cette maladie est réputée incurable , et que souvent on ne

donne des soins aux malades qui en sont attaqués ou qu'on croit tels, que par forme et par bienséance.

Les Médecins auxquels cet écrit sera présenté savent de combien de citations et d'autorités on pourrait étayer cette manière de voir, mais cela n'ajouterait rien à son évidence ; il n'en est peut-être aucun parmi eux qui n'ait en ce moment, sous ses yeux, quelque preuve de nos assertions.

Dyssenterie.

Il est peu d'années où, par suite des variations subites du froid et du chaud, de la sécheresse et de l'humidité de l'air, la dyssenterie ne se répande avec plus ou moins d'intensité sur la fin de l'été, et en automne principalement ; elle devient assez souvent épidémique, et on sait qu'elle a quelque chose de contagieux par les émanations des déjections stercorales. On n'entrera pas ici dans les détails de traitement d'une maladie si fréquente et si connue des Médecins ; nous devons nous borner dans cet écrit, après l'avoir signalée comme existant communément dans ce département, à mettre les praticiens en garde contre l'uniformité du traitement à laquelle s'opposent les circonstances dont il a été fait mention plus haut pour les autres affections ; dans celles-ci c'est principalement la membrane muqueuse des intestins, des gros sur-tout, qui est affectée; on sait que c'est sur cette membrane qu'agissent de préférence les catharres; elle est aussi très-susceptible de phlogose et d'irritation.

Flux hémorroïdal.

Les flux hémorroïdaux sont fréquens dans ce département, et ils peuvent être attribués en grande partie à l'humidité habituelle de l'atmosphère qui, en rendant la transpiration moins abondante, donne lieu, par une compensation souvent heureuse, et par les rapports sympathiques entre l'organe cutané et le bas-ventre, à la fluxion hémorroïdaire. Hippocrate l'a considéré comme une crise salutaire qui met fin à plusieurs maladies, et qu'il serait dangereux de supprimer sans précaution; elle est souvent préservative ou curative des affections de la peau (Aph. III 25). Ces vérités généralement reconnues, et constatées par la pratique journalière, ne doivent pas faire attribuer une influence trop générale à cet écoulement. Les Stahliens lui ont attribué trop d'importance, en le considérant comme toujours salutaire; leurs antagonistes ont aussi trop exagéré les maux que peut entraîner le flux hémorroïdal. Il est très-difficile de distinguer les cas où il faut l'abandonner à lui-même, d'avec ceux où il est prudent, non de le supprimer, mais de le remplacer par quelqu'autre excrétion qui n'aurait pas les mêmes inconvéniens qui peuvent résulter de la

première. On sent que ce n'est qu'à une main
exercée et prudente qu'il appartient de tenter et
de choisir de pareilles métaptoses. Les moyens
de prévenir que le flux hémorroïdal ne s'établisse
par suite de l'influence du climat, c'est d'user avec
soin des moyens préservatifs dont nous avons déjà
fait mention ; mais une règle générale et essen-
tielle pour le département de la Gironde, comme
pour les pays qui ont le même climat, c'est d'être
sobres d'évacuations sanguines, soit pour suppléer
au flux hémorroïdal non existant, soit pour le
rappeler quand il est supprimé, dans le cas où
l'on croit devoir attribuer à son absence une maladie ou quelque épiphénomène ; la constitution
de l'air habituellement régnante dans ce département, commande cette réserve. On aura de plus
heureux résultats des moyens révulsifs et dérivatifs que fourniront les purgatifs, les clystères exci-
tans, et les bains chauds de siége, etc.

Rhumatisme.

La suppression subite de la sueur ou de la transpiration insensible, l'irrégulatité habituelle de cette
fonction dépendante de l'état de l'atmosphère
humide, froide et variable, sont la cause la plus ordinaire des affections rhumatiques, lors, sur-tout,
qu'on y a quelque disposition. Il n'est pas de Médecin qui ne les attribue à cette cause, comme à
une des plus ordinaires et des plus actives. Un coup

d'œil jeté sur les maladies qui règnent le plus communément à Bordeaux et dans son département, en
donne la conviction, puisque ces affections y sont
très-fréquentes, et que nous avons démontré que
la température y est habituellement humide et
variable. Les rhumatismes s'y présentent sous
deux modes, l'aigu et le chronique : l'époque de
l'invasion , l'âge , le tempérament du malade ,
le font pencher vers l'un ou l'autre caractère ;
l'aigu se termine ou dégénère souvent en chronique ; un traitement essentiellement antiphlogis-
tique et très-débilitant cause cette dégénération ;
il n'est convenable que lorsque les vents nord ou
nord-ouest, régnant depuis long-temps, ont rendu
l'atmosphère froide et sèche : dans les autres circonstances, cette affection participe de la constitution de ce département, qui est la catharrale ;
ainsi les incisifs , les diaphorétiques doivent faire
la base du traitement : il est cependant des cas
où la violence de la douleur, la dureté du pouls,
l'âge du malade , le règne du vent nord exigent
des saignées générales ou locales par les sangsues ou les ventouses scarifiées; c'est au Médecin
à juger de ce qui convient. Comme cette affection
est mobile et erratique , elle est sujette à des
métastases qui , en la portant sur des organes ou
viscères essentiels , la rendent souvent funeste ;
on doit éviter avec soin tout ce qui peut les déterminer , et tâcher d'en procurer la solution dans
la partie superficielle externe où elle se montre

ordinairement dès l'invasion : elle résiste quelquefois long-temps aux moyens les mieux indiqués ;
aussi est-il de la plus grande importance de la
prévenir, en évitant avec soin les causes déter-
minantes ; les moyens prophylactiques seront indiqués plus bas.

La Goutte.

La goutte qui est une affection constitution-
nelle, le plus souvent héréditaire, devrait être
classée parmi les affections chroniques, puisque,
lorsqu'elle s'est une fois démontrée, on n'est ja-
mais sûr que l'état goutteux soit détruit, et que
la guérison soit radicale. Nous la considérons ici
comme aiguë, n'ayant égard qu'à ses accès tem-
poraires ; ils sont souvent déterminés par les causes
de maladie habituellement existantes dans ce département ; aussi y est-elle commune : indépen-
damment de sa cause originelle, on doit avoir
égard dans son traitement prophylactique et cu-
ratif à la température existante quand l'accès a
lieu, et à la constitution de l'atmosphère habituelle dans le département que le goutteux habite,
dont il est très-essentiel de prévenir l'influence
par les moyens qui seront indiqués plus bas.

Affections chroniques.

Les causes qui déterminent les maladies aiguës
que nous avons dit régner le plus communément
dans le département de la Gironde, portent de

trop profondes impressions sur l'économie animale, pour ne pas produire aussi des maladies de
long cours : ainsi les affections asthmatiques, les
embarras des hypocondres, les attaques chroniques de rhumatisme et de goutte : ces dernières
très-susceptibles de métastases peuvent se porter
sur des parties nobles, y produire des maladies
graves telles que des squirres, des obstructions,
des œdêmes, des hydropisies...... Ces sortes de
maux sont très-fréquens dans ce département ;
les cantons les plus aquatiques et les plus exposés
au vent d'ouest sont ceux où on les rencontre le
plus souvent.

Scrophules.

On trouve un grand nombre de scrophuleux
dans le département de la Gironde, et à Bordeaux
principalement : cette affection est constitution-
nelle dans la plupart de ceux qui en sont atteints,
soit par la longue influence du climat qu'ils habitent, soit qu'elle soit congéniale. Le tableau que
nous avons fait du département a présenté tous
les élémens producteurs de cette affection, tels
que l'air humide, la variabilité de la température,
les eaux séléniteuses, le sol bas, aquatique, souvent inondé, pendant l'hiver sur-tout ; une nourriture peu saine, comme les farineux mal fer-
mentés, les viandes, les poissons de mauvaise
qualité et salés ; les boissons aigres comme la pi-
quette. Chaque arrondissement, chaque site voit

ces affections plus ou moins intenses selon que les causes désignées y sont dominantes ; c'est aux Médecins de ces divers lieux à approprier aux circonstances les moyens prophylactiques et thérapeutiques, sans perdre de vue influence puissante de la constitution générale du département.

Une cause fréquente très-propre à déterminer les scrophules chez le bas peuple, et parmi les marins principalement, c'est la maladie vénérienne mal guérie et dégénérée ; elle est, de l'aveu de tous les Médecins, de nature muqueuse ; elle a donc une grande propension à dégénérer en engorgemens lymphatiques. On ne saurait douter que les mariages de ces sortes d'individus ne donnent des enfans mal constitués, avec un vice congénial dans le système lymphatique que leur régime et leurs habitudes favorisent singulièrement : c'est aussi dans cette classe qu'on en observe les suites les plus fréquentes et les plus graves ; les rivages de la mer, les bords toujours humides des rivières sont des causes aggravantes ; et quoiqu'elles ne soient pas également répandues dans tous les arrondissemens, nous avons cru devoir les mettre au nombre des maladies qui sont le plus communément observées dans ce département.

Rachitis.

C'est à la réunion de ces mêmes causes qu'on doit attribuer la fréquence du rachitis dans le département de la Gironde : cette affection du système osseux , congénère des crophules , est très-fréquente à Bordeaux : on observe dans cette ville , et cela dans toutes les classes , un grand nombre de déviations de la colonne vertébrale , et des difformités dans le sternum et dans les os longs. C'est aux approches de la puberté principalement que se déclare souvent cette altération dans le système osseux : il semble que les filles y soient plus sujettes que les garçons. Les moyens les plus propres à prévenir cet accident quand on a lieu de le craindre à cause des dispositions héréditaires, ou par l'idiosynérasie acquise, et d'en arrêter les progrès s'il s'est déjà manifesté , c'est un régime tonique, analeptique, nourrissant, les martiaux, les savoneux, le kina , les bains de mer et autres moyens analogues connus des Médecins, dont il faut user à haute dose et avec persévérance : on y joindra la plus grande attention à se garantir de l'intempérie de l'atmosphère.

Maladies cutanées.

L'organe cutané dont les fonctions sont si importantes dans l'économie animale , qui a des rapports synergiques et sympathiques si importans avec toutes les fonctions vitales, reçoit de l'atmosphère des impressions trop directes, pour qu'il ne résulte pas quelque altération maladive de ses subites et fréquentes variations ; la transpiration

doit en souffrir ; des contractions nerveuses s'établissent dans son tissu , et s'irradiant vers l'intérieur, font participer les organes de cet état spas-
modique , et en altèrent les fonctions. Telle est
l'origine la plus fréquente des maladies cutanées,
à moins qu'elles ne dépendent de quelque virus
particulier. Elles sont très-fréquentes dans le département de la Gironde et rebelles aux moyens
les mieux indiqués. Nous avons remarqué que les
éphélides y sont bien plus fréquentes que dans
plusieurs autres pays où nous avons été à même
de faire des observations médicales.

Ulcères aux jambes.

On pourrait absolument classer cette sorte de
maladie parmi les affections cutanées dont certaines espèces détruisent la peau profondément ;
mais outre que ces ulcères semblent être particuliers aux terrains bas riverains de la Garonne
sur-tout, où ils sont observés très-fréquemment ;
ils ont un aspect qui les distingue ; les chairs
sont livides , les bords calleux ; ils s'étendent
beaucoup, *serpunt,* et finissent par déterminer la
leucophlegmatie et l'hydropisie ; rarement on
parvient à les cicatriser, et il se développe après
leur cicatrisation, quand on peut l'obtenir, des
affections chroniques des hypocondres, qu'on ne
prévient pas, même par les émonctoires artificiels.
Le changement de pays , au moins pendant l'hi-

ver, serait sans doute le plus sûr pour se pré-
server de cette fâcheuse maladie ; mais ce n'est
pas au pouvoir du grand nombre ; car ceux qui
en sont le plus fréquemment atteints sont sans
beaucoup de moyens. Je veux parler des vigne-
rons et des pêcheurs ; cette classe d'individus ne
saurait user de précautions propres à l'en préser-
ver ou à l'en guérir. C'est encore au climat, au
sol humide et bas, à l'inégalité de la température
qu'on doit attribuer ces maux.

Nous avons établi d'une manière irrécusable
l'existence de ces causes dans le département de
la Gironde, et à un degré plus éminent dans
certains quartiers où l'humidité, en macérant
pour ainsi dire les solides, doit y produire un relâchement extraordinaire, émousser leur action,
détruire leur élasticité, et disposer les parties qui
y sont immédiatement plongées, aux dégénérations qui résultent nécessairement de cet état,
c'est-à-dire, aux ulcères invétérés des jambes.
Ce n'est pas dans les lieux bas et humides du
département de la Gironde seulement qu'on a
observé cette sorte d'ulcères. Hippocrate, dans
ses épidémies, L. III, § 3, parle de petites
blessures aux jambes dégénérées en ulcères gan-
greneux par cette cause. Ramasini dit que les
ulcères des pêcheurs d'étangs sont difficiles à
guérir, et se gangrènent facilement. Hunter a
observé la même chose à la Jamaïque et dans les
Indes-Orientales ; les malades ne guérissaient qu'à

leur retour en Angleterre ; ces sortes de citations pourraient être multipliées indéfiniment ; mais elles n'ajouteraient pas beaucoup à la conviction de nos lecteurs.

Telles sont les maladies qui règnent le plus communément dans le département de la Gironde : leur existence est journellement constatée par les praticiens; nous avons établi jusqu'à l'évidence quelles en sont les causes générales, et nous en avons déduit leur nature et leur caractère, sauf les nuances qui résultent des variétés du sol et des sites. Nous avons été entraînés à établir quelques préceptes généraux de traitement; en outre les maladies aiguës ou chroniques qui, par extraordinaire, peuvent se déclarer dans ce département, quoique originairement dépendantes de toute autre cause que du climat et de la température habituelle, exigent aussi qu'on aie, dans leur traitement, égard à l'influence qu'elles reçoivent inévitablement des causes générales précitées.

D'après les lois constantes de la nature, des causes semblables produisent des effets identiques ; ainsi les mêmes affections maladives se rencontrent également, ou, à peu de chose près, dans tous les pays où l'air est habituellement humide, le sol bas et marécageux, la température de l'atmosphère variable, et les vents régnans froids et humides. Il n'y a pas de raison pour que le département de la Gironde fasse exception à

cette règle ; en effet, la fréquence des vents
d'ouest, nord-ouest, sud-ouest porte dans son atmosphère l'humidité qu'ils prennent sur l'Océan,
sur la grande étendue des landes aquatiques, sur
les marais nombreux d'une partie du département:
deux grandes rivières, le reflux journalier de leurs
eaux par les marées qui inondent leurs bords et
entretiennent une évaporation continuelle sur
une grande étendue de terrain, la nature des
eaux de source altérées par la sélénite, sont des
causes qu'il y aurait autant de folie de chercher
à détruire qu'il y en avait dans Artaxerxès à
vouloir châtier et dompter l'Océan. On est donc
réduit à éviter autant que possible leur action
immédiate, et à s'opposer à leurs effets par les
moyens qui sont en notre pouvoir ; nous allons
en donner un aperçu.

Moyens de prévenir ces maladies dans le département de la Gironde.

Quelques moyens qu'on mette en usage on ne
saurait parvenir à se soustraire totalement à l'influence de la constitution ou du climat du pays
qu'on habite. Plongés dans cet océan aérien qui
entoure notre planette, on en ressent irrésistible-
ment l'impression par l'air qu'on hume en respi-
rant : la forme et la nature des vêtemens n'em-
pêchent pas totalement son action sur l'organe
cutané ; on peut sans doute corriger l'humidité

de l'air ambiant et sa froidure, prendre des précautions contre les alternatives de chaud et de
froid en se claquemurant dans des appartemens
bien réchauffés ; mais on sera toujours soumis à
la constitution de l'air, quoique d'une manière
insensible, comme on l'est à la pression de l'atmosphère, sans avoir le sentiment de son poids
sur notre corps. On peut absolument se procurer
des eaux plus pures que celles du pays, ou en
corriger la nature par des moyens chimiques ;
choisir ses alimens, les changer en les faisant
venir d'une autre contrée ; mais ces moyens, fai-
bles palliatifs des inconvéniens que nous cher-
chons à éviter, ne sont pas au pouvoir de la classe
peu fortunée, et ne sauraient être mis en ligne
de compte des préservatifs de l'influence du
climat.

Les moyens préservatifs de l'effet des vents
d'ouest, nord-ouest et sud-ouest les plus constans
dans ce département, humides et froids en hiver
et en automne, chauds et humides en été, sont
dans la première hypothèse d'éviter, en sortant
d'un lieu chaud, l'impression subite de l'air exté-
rieur, le contact direct et immédiat du vent froid
sur la figure, de porter des vêtemens moelleux
et chauds, d'avoir des couvertures suffisantes
pendant la nuit ; dans la seconde supposition
d'éviter les exercices violens et pénibles pendant
l'extrême chaleur du jour : on se préservera de la
répercussion de la sueur ; on ne gardera pas le

linge qui en est mouillé ; on soutiendra ses forces
par des alimens substantiels, par du bon vin, par
les boissons fraîches ; on évitera les contentions
d'esprit trop prolongées , les passions vives et les
excès vénériens.

L'habitation doit être élevée de 3 à 4 pieds au
moins au-dessus du sol , les ouvertures faites
vers le point opposé aux vents humides et froids,
avec des fermetures qui garantissent de l'intempérie des saisons : dans les contrées basses et
humides , on se préservera des effets pernicieux
de l'humidité, en ne sortant que long-temps après
le lever du soleil, et en rentrant immédiatement
après son coucher, afin d'éviter la froideur humide
de l'air matutinal , et le serein du soir : ce sont
les deux époques du jour les plus dangereuses et
les plus propres à causer des fièvres.

Ce qui contribue essentiellement à fortifier le
tempérament , c'est le régime diététique quand
il est bien entendu ; il rend le corps capable de
résister aux influences maladives du climat; ainsi
les viandes fraîches , le bon poisson , le vin sont
au premier rang des moyens prophylactiques les
plus efficaces. La basse classe du peuple n'est pas
toujours à même de se les procurer; de là vient
la différence entre les individus de la classe fortunée qui vivent dans l'aisance et la mollesse, et
les gens du peuple usant d'une nourriture gros-
sière, mal préparée , peu saine, et qui sont exposés
aux ardeurs du soleil et à l'intempérie des saisons.
Prosper Alpin en a fait l'observation pour l'Egypte;

Ramond pour Marseille, et tous ceux qui ont écrit sur cette matière pour les lieux qu'ils ont habité. C'est à une administration municipale et paternelle à surveiller du moins pour que les marchés ne soient pourvus que de provisions saines, et au Gouvernement à alléger, par des mesures générales de haute police, les maux qui résultent, pour le bas peuple principalement, de l'extrême cherté des denrées, et de l'insalubrité de certaines contrées. Ces précautions prophilactiques doivent être à la connaissance de tout le monde, afin que chacun les mette en usage, selon sa position et ses facultés ; c'est ensuite au Médecin à remédier aux accidens maladifs qui surviennent.

On ne saurait sans doute avoir les prétentions de changer la température d'un pays, et la nature de son sol, d'intervertir l'ordre des saisons, et de donner un climat tout différent de celui qui existe, en changeant la direction des vents habituels, en détournant les nuées qui y versent fréquemment des torrens de pluie, et en rendant moins subites et moins fréquentes les variations de l'air ; mais il est possible, sans prétendre détruire des causes si puissantes étant au-dessus du pouvoir humain, de diminuer les inconvéniens qui résultent de leur action. C'est à l'autorité publique à former de tels projets, et à entreprendre les travaux propres à les réaliser. Ceux qui nous paraîtraient convenir au département de la Gironde dont ils accroîtraient les richesses et la salubrité, sont :

1.º De faire dans les landes, à des espaces et

sur des directions convenables, des semis et des
plantations de vastes forêts d'arbres à haute futaie,
comme pins, sapins, chênes qui y végètent très-
bien. Ces forêts rompraient l'impétuosité des vents
d'ouest que rien n'est à même de modérer dans
ces grandes plaines découvertes ; il se formerait
par-là des expositions orientales qui, selon Hippocrate, sont les plus tempérées et les meilleures,
des abris favorables à la culture et propres à améliorer le pays ainsi que le sort des habitans.

Ce qui autorise à compter sur les bons résultats
de ces moyens, ce sont les changemens considérables qui sont résultés des défrichemens et de la
destruction des forêts dans certaines contrées qui
en étaient originairement couvertes : il y en a
beaucoup en Europe qui en sont la preuve depuis
que l'agriculture y a fait tant de progrès. Le Nou-
veau-Monde offre aussi de nombreux exemples de
ces transformations territoriales et de modifications dans la température, résultant des travaux
agricoles des Européens, ses conquérans. Les mesures opposées que nous proposons dans ces cas-
ci diamétralement différens, c'est-à-dire, pour un
pays tout découvert, doivent avoir un effet inverse
et changer de même son climat ;

2.º D'arrêter et d'affermir par des semis d'arbres, d'arbustes, de plantes convenables au sol,
les collines de sable mouvantes formées et alternativement détruites par les vents : on varierait
ainsi l'uniformité de ces plaines en les parsemant

de hauteurs et d'inégalités de terrain ; ce qui prouverait contre l'assertion d'un homme célèbre (1), que les landes de Bordeaux ne sont pas un terrain indomptable. L'ensemencement des dunes du bord de l'Océan est un commencement d'exécution de ce projet ;

3.º De dessécher les parties aquatiques des landes par des coupures, des tranchées bien dirigées et par des canaux de navigation dont on projette, dit-on, la construction ;

4.º D'y multiplier les habitations autour desquelles on pratiquerait des jardins, des bosquets, ornemens de ces fermes naissantes, que feraient prospérer de légers encouragemens de la part du Gouvernement, tels que des prêts à terme faits aux cultivateurs, l'exemption d'impôts pendant un certain nombre d'années. On a déjà pour exemple et pour motifs d'entreprendre de tels établissemens, « quelques habitations éparses, ou » groupées en petit nombre, entourées de jolies » cultures et de pays verdoyans dont la fraîcheur » constraste avec la nudité des collines voisines, » véritables oasis placés là comme pour nous » avertir que cette terre en apparence si stérile » n'attend pour changer d'aspect que les bras, » les efforts de l'industrie, la volonté ferme de » l'autorité et le concours salutaire de ces asso- » ciations commerciales, dont Bordeaux a donné

(1) Voltaire, dict. philosophique, art. *Population.*

» au reste de la France le premier et mémorable
» exemple ».

*(Musée d'Aquitaine, n.° 2, p. 82, extrait du
discours lu à l'Académie par M. Joannet).*

Il nous reste à émettre nos vœux pour que le
Gouvernement français si riche de son sol, si
puissant par le génie, l'industrie et l'activité
d'une immense population, tourne ses regards vi-
vifians vers une contrée qu'il lui serait facile de
porter au plus haut point de prospérité en secon-
dant les projets d'utilité et de bonheur publics,
conçus par des hommes profonds en économie
politico-rurale, et pénétrés de la plus noble phi-
lantropie.

www.ingramcontent.com/pod-product-compliance
Lightning Source LLC
LaVergne TN
LVHW052011080426
835513LV00010B/1172